글 이기규

재미없는 공부만 잔뜩 가르쳐야 하는 학교를 싫어하는 초등학교 선생님입니다. 재미없는 공부 대신 재미있는 이야기로 아이들과 함께 배우고 싶어서 여러 가지 이야기책을 썼습니다. 그동안 쓴 책으로 《착한 모자는 없다》 《어느 날 우리 집에 우주 고양이가 도착했다》 《네 공부는 무슨 맛이니?》 《깜장 병아리》 《장자 아저씨네 미용실》 《보름달 학교와 비오의 마법 깃털》 《인권아, 학교 가자》 《괴물학교 회장 선거》 《좀 다르면 어때》 《우리 반에 알뜰 시장이 열려요》 《할아버지 댁에 놀러 가요》 등이 있습니다.

그림 김무연

학교에서 애니메이션을 배우고 지금은 고양이 네 마리와 개 두 마리 그리고 사람 두 명이 대가족을 이루어 복닥복닥 살고 있어요. 그린 책으로는 《내 멋대로 아빠 뽑기》 《내 멋대로 친구 뽑기》 《어부바 어부바》 《우리 우리 설날은》 《삐삐는 언제나 마음대로야》 《스마트폰 말고 스케이트보드》 《선생님도 한번 봐 봐요》 《황금알을 낳는 새》 등이 있습니다.

감수 (사)한국생활안전연합

'어린이가 안전하면 모두가 안전하다'라는 생각으로 사회적 약자가 안전한 세상을 만들어 가는 데 앞장서는 대한민국의 대표 안전 공익 법인입니다. 아동 안전 캠페인, 안전과 관련된 정책 및 입법 활동, 아동안전사고 예방교육 등을 통해 안전문화를 확산하고 있습니다. (홈페이지 www.safia.org)

나를 지키는 안전 그림책 01 | 학교 안전
학교 다녀오겠습니다!

1판 1쇄 발행 | 2018. 9. 21.
1판 6쇄 발행 | 2025. 4. 17.

이기규 글 | 김무연 그림 | (사)한국생활안전연합 감수

발행처 김영사 | **발행인** 박강휘
등록번호 제 406-2003-036호 | **등록일자** 1979. 5. 17.
주소 경기도 파주시 문발로 197(우-10881)
전화 마케팅부 031-955-3100 | **편집부** 031-955-3113~20 | **팩스** 031-955-3111

ⓒ 2018 이기규, 김무연
이 책의 저작권은 저자에게 있습니다. 저자와 출판사의 허락 없이 내용의 일부를 인용하거나 발췌하는 것을 금합니다.

값은 표지에 있습니다.
ISBN 978-89-349-8342-2 74370
ISBN 978-89-349-8341-5 (세트)

좋은 독자가 좋은 책을 만듭니다. 김영사는 독자 여러분의 의견에 항상 귀 기울이고 있습니다.
전자우편 book@gimmyoung.com | 홈페이지 www.gimmyoung.com

이 도서의 국립중앙도서관 출판시도서목록(CIP)은 서지정보유통지원시스템 홈페이지(http://seoji.nl.go.kr)와 국가자료공동목록시스템(http://www.nl.go.kr/kolisnet)에서 이용하실 수 있습니다. (CIP제어번호 : 2018029033)

| **어린이제품 안전특별법에 의한 표시사항** | 제품명 도서 제조년월일 2025년 4월 17일 제조사명 김영사 주소 10881 경기도 파주시 문발로 197 전화번호 031-955-3100 제조국명 대한민국 사용 연령 8세 이상 ⚠주의 책 모서리에 찍히거나 책장에 베이지 않게 조심하세요.

나를 지키는 안전 그림책 01

학교 다녀오겠습니다!

이기규 글 | 김무연 그림 | (사)한국생활안전연합 감수

주니어김영사

작가의 말

차근차근 천천히 하면
학교에서 안전해요

여러분은 학교에서 재미있게 지내나요? 학교에서는 친구들과 재미있는 놀이도 하고 선생님에게 몰랐던 사실도 배웁니다. 그런데 학교에서는 안 좋은 일도 생겨요. 종종 학교에서 다치는 친구를 볼 수 있을 거예요. 또 내 실수로 다른 친구가 다치는 일도 생길 수 있고요. 그렇다고 '학교에서 다치면 어떡하지?' 하는 걱정 때문에 학교생활이 즐겁지 않다면 참 슬픈 일이겠죠? 그래서 이 책에서는 여러분이 학교에서 즐겁고 안전하게 생활하는 방법을 알려 주려고 해요.

주인공 하늘이는 여러분과 같은 또래의 아이예요. 여러분과 똑같이 학교에 가고 학교에서 친구들과 재미있게 공부하지요. 그래서 여러분이 학교에서 겪는 문제를 하늘이도 겪어요. 이때 하늘이는 어떻게 행동할까요?

하늘이는 친구들에게 차근차근 천천히 생활하면 학교가 행복할 수 있다고 말해요. 차근차근 문제를 해결하는 하늘이의 모습에서 여러분도 자신이 지켜야 할 일이 무엇인지 생각해 볼 수 있을 거예요. 이렇게 안전을 위한 약속을 지키려고 노력하다 보면, 어느새 학교는 즐겁고 행복한 일로 가득해질 거예요.

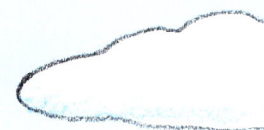

이 책에는 여러분이 안전을 위해 알아야 할 일은 물론, 어른들이 여러분의 안전을 위해 해야 할 일도 함께 담았어요. 안전한 학교를 만들기 위해서는 여러분의 노력도 중요하지만 어른들의 노력도 매우 중요하기 때문이에요. 그래서 이 책은 여러분 혼자 읽는 것도 좋지만 엄마, 아빠 그리고 선생님과 함께 읽으면 더 좋아요.

여러분이 이 책을 재미있게 보았으면 좋겠어요. 그리고 엄마, 아빠, 선생님 그리고 친구들과 함께 힘을 모아 약속을 지켜 나갔으면 좋겠어요. 언제나 안전하고 행복한 학교! 하늘이처럼 차근차근 천천히 만들어 가요. 알겠죠?

이기규

"앗, 지각이야. 지각!"
알람 시계가 울렸지만 하늘이는 그것도 모르고 쿨쿨 잠을 잤어요.
"늦었어, 늦었어! 내 가방은 어디 있지?"
하늘이는 놀란 토끼눈이 되어 방 안을 이리저리 돌아다녔어요.
"하늘아! 진정해."
엄마가 하늘이의 어깨를 잡았어요.
"숨을 크게 들이마셨다 천천히 내쉬어 봐."
하늘이는 엄마 말대로 크게 숨을
들이마시고 천천히 내쉬었어요.
그러자 침대 머리맡에 있는
가방이 보였어요.
"헤헤, 가방이 여기 있었네."

"그것 봐. 서두르면 실수할 수 있어.
급할수록 차근차근 하나씩 안전하게 잊지 마. 알겠니?"
"응, 엄마!"

학교 다녀오겠습니다!

학교 앞 횡단보도.
신호등 초록불이 깜박거려요.
마치 '하늘아 빨리 뛰어!'라고 말하는 것 같아요.

'더 늦으면 안 되는데 빨리 달려갈까?'

하지만 하늘이는 꾹 참고
초록불이 들어올 때까지 기다렸어요.
드디어 초록불이 들어왔지만
하늘이는 아직 건너지 않았어요.

"급할수록 차근차근 하나씩 안전하게."
엄마 말을 떠올리며 자동차가 오는지 좌우를 살폈어요.
차가 모두 멈춘 걸 확인하고 한 발 한 발 뛰지 않고 걸었어요.
횡단보도는 당연히 화살표가 그려진 오른쪽 방향으로 건넜지요.
"잘 건넜어, 하늘아!"
신호등 초록불이 칭찬해 주는 것 같았어요.

등굣길에서는 이렇게 안전하게

골목길에서 나올 때는 급하게 뛰지 않고 천천히 걸어요.
나오기 전에 자동차가 오지 않는지 주변을 살피는 것도 잊지 마세요.

앗! 뭐가 떨어지네.

공사하는 건물 옆에는 벽돌 같은 무거운 물건이 떨어질 수 있어요.
건물에서 최대한 멀리 떨어져서 지나가요.

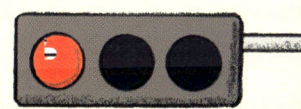

책이나 휴대 전화를 보면서 걸으면 넘어질 수 있어요. 길을 걸을 때는 앞을 보고 안전하게 걸어요.

자전거를 탈 때는 안전모와 보호 장구를 착용해야 해요. 횡단보도에서는 자전거에서 내려 자전거를 끌고 천천히 건너요.

★ 차보다 사람이 먼저예요. 횡단보도가 보이면 무조건 속도를 줄여 주세요.

★ 학교 주변 도로는 '어린이 보호구역'이에요. 시속 30킬로미터를 넘지 않게 운전해 주세요.

★ 학교 주변 모퉁이를 돌 때는 우선 멈추고, 어린이가 없는지 확인한 뒤 조심조심 운전해 주세요.

"아! 늦었다, 늦었어!"

같은 반 철우가 복도에서 헐레벌떡 뛰고 있어요.

교실 앞은 마침 물청소를 해서 미끄러웠어요.

"으악!"

미끄러지는 철우를 하늘이가 간신히 붙잡았어요.

하늘이도 철우도 이마에 식은땀이 났어요.

"모두 괜찮니?"
담임 선생님이 교실에서 나왔어요.
"아무리 급해도 복도에서는 천천히 오른쪽으로 걸어야 해. 물기가 있는 복도는 더욱 조심조심. 늦더라도 안 다치는 게 더 중요한 거 알지?"
"네, 선생님!"
철우도 하늘이도 씩씩하게 대답했어요.

"복도에서는 천천히."

복도에서는 이렇게 안전하게

★ 복도에 물청소를 한 다음이라면 미끄럼 주의 푯말을 세워 주세요. 어린이가 안전하게 다닐 수 있도록 작은 것도 신경 써 주세요.

★ 빨리 가는 것보다 안전이 중요해요. 지각하더라도 복도에서는 걸어오라고 안내해 주세요.

쉬는 시간에는 이렇게 안전하게

★ 어린이가 창문에 고개를 내밀다 떨어지지 않게 학교 창문마다 안전대나 안전망을 설치해 주세요.

★ 창문이나 창문턱을 청소할 때 위험한 곳은 어린이가 아닌 어른이 청소해 주세요.

미술 시간이에요.

하늘이는 신나게 색종이를 오려 꽃을 만들고 있어요.

그런데 앞자리 동민이가 가만히 앉아만 있어요.

"동민아, 왜 그래? 무슨 일 있어?"

"가위에 손을 다친 적이 있어서 가위가 무서워. 칼은 더 무섭고."

하늘이가 친구의 고민을 그냥 볼 수 없지요.

"너무 걱정 마. 차근차근하면 가위도 칼도 안전하게 사용할 수 있어.
가위질을 할 때는 가위를 잡은 손과 종이를 잡은 손을 나란히 해야 해.
자를 때도 확 자르지 않고 조금씩 자르고. 어때? 쉽지?"

"와! 된다! 나도 할 수 있을 것 같아."

동민이의 얼굴이 금세 환해졌어요.

"칼로 자를 땐 두꺼운 자를 대고 자르는 게 좋아. 칼날은 조금만 빼고.

한번에 자르지 않고 천천히 여러 번 해도 돼.

이게 다 우리 엄마가 알려 주신 거야."

"우아, 하늘이는 못하는 게 없구나!"

감탄하는 동민이를 보고 하늘이는 어깨가 으쓱해졌어요.

미술 시간에는 이렇게 안전하게

어른들도 지켜 주세요!

★ 어린이에게 무조건 가위나 칼을 사용하지 못하게 하기보다는 차근차근 안전하게 사용하는 방법을 알려 주세요.

조금 서툴더라도 어린이가 스스로 사용하는 법을 익힐 수 있도록 도와주세요.

체육 시간, 친구들이 모두 운동장으로 달려 나갔어요.
"야! 신난다. 축구하자 축구!"
이때 하늘이가 아이들 앞을 가로막았어요.
"잠깐 기다려 봐. 축구를 하기 전에 꼭 해야 할 것이 있어."

"어? 그게 뭔데? 뭐야?"
아이들은 눈이 동그래져서 하늘이를 쳐다보았어요.
"바로 준비 운동이지. 준비 운동으로 몸을 풀어야
운동할 때 다치지 않아."
"아, 그래서 준비 운동을 하는구나."
하늘이와 친구들은 모두 열심히 준비 운동을 했어요.

체육 시간에는 이렇게 안전하게

체육 수업이 끝나면 옷과 신발에 묻은 먼지를 잘 털고, 반드시 손을 씻어요.

앗! 먼지.

교장 선생님 안녕하세요!

그래, 체육 시간 재있었니?

어른들도 지켜 주세요!

★ 어린이들에게 준비 운동을 무조건 시키기보다, 준비 운동이 왜 필요한지 자세히 알려 주세요.

★ 비가 온 뒤 운동장이 평평하지 않으면 운동하다 다칠 수 있어요. 큰 돌을 골라내는 등 운동장을 안전하게 관리해 주세요.

"와! 과학자가 된 것 같아."
과학 시간에 실험복을 입은 미연이가 신이 나서 외쳤어요.
하늘이도 오늘은 무슨 실험을 할까 궁금하고 기대가 됐어요.
그런데 정호는 얼굴빛이 어두웠어요.
"실험 중에 사고가 많이 난대. 우리도 사고가 나면 어떡해?"
"겁쟁이, 그냥 하면 되지. 이게 뭐가 무섭냐?"
준배가 실험 장치에 손을 뻗었어요.
하늘이가 또 나서야 할 때네요.

"잠깐, 안전하게 실험하려면 설명을 잘 듣고 실험 장치를 만져야 해.
장갑과 보안경도 껴야 하고."
"맞아, 그렇지."
준배가 머리를 긁적였어요.
하늘이는 정호를 바라보며 말했어요.
"설명을 잘 듣고 안전하게 차근차근 실험하면 돼.
그러니 너무 걱정 마. 우리가 도와줄게."
"그래그래!"
준배와 하늘이가 정호를 보며 활짝 웃었어요.

과학 시간에는 이렇게 안전하게

★ 아무리 간단한 실험이라도 안전을 위해 실험복, 보호 안경, 보호 장갑을 꼭 준비해 주세요.

★ 약품과 불을 이용하는 실험은 선생님이 먼저 실험해 보고 위험한 부분이 없는지 잘 살핀 뒤 어린이에게 알려 주세요.

"내 레이저 빔을 받아라! 지잉! 지잉!"
쉬는 시간에 장난꾸러기 동수가 레이저 포인터로 아이들 몸을 비췄어요.
"동수야, 레이저 빛에 눈이 다칠 수 있대."
하늘이 말에 동수가 깜짝 놀라서 레이저 포인터를 껐어요.
"정말? 몰랐어. 난 그냥 문방구에서 팔아서 산 건데……."
동수는 미안한 마음에 고개를 푹 수그렸어요.
"우리 엄마가 그러셨어. 레이저 포인터는 눈에 비추면 위험하기 때문에 어린이에게 팔면 안 되는 물건이래."

"그럼 이건 어떡하지? 버려야 하나? 아깝다."
"버리긴, 문방구에 가서 이야기하고 다른 물건으로 바꿔야지. 내가 같이 가 줄게."
하늘이 말에 동수는 금세 얼굴이 밝아졌어요.

장난감 고를 때는 이렇게 안전하게

레이저 포인터, 본드, 본드풍선 같은 물건은 장난감으로 사용할 수 없어요. 건강을 해칠 수 있기 때문이에요. 꼭 기억하세요.

★ 어린이에게 위험한 물건은 팔지 말아 주세요. 레이저 포인터, 본드, 본드풍선 등은 판매하지 못하도록 법으로 금지되어 있어요.

★ 학교 주변에 이런 물건을 판매하는 가게가 있으면 어린이에게는 판매하지 못하게 하고 신고해 주세요.

★ 어린이 제품의 안전 인증 정보는 제품안전정보센터에서 확인할 수 있어요. (www.safetykorea.kr)

"아, 배고파!"
하늘이는 식판에 맛있는 반찬들을 담아 자리에 앉았어요.
"와, 맛있겠다. 잘 먹겠습니다."
그런데 한입 먹는 순간 얼굴이 찡그려졌어요.
입속에서 머리카락이 나왔기 때문이에요.
갑자기 음식이 먹기 싫어졌어요.
옆을 보니 짝꿍 소연이도 인상을 찌푸리고 있었어요.

"소연아 왜 그래? 네 반찬에서도 머리카락이 나왔어?"
"아니, 혹시 반찬에 새우가 들었나 보고 있어.
난 새우를 먹으면 몸이 가렵거든."
"급식에 어떤 것이 들어 있는지
미리 알려 주면 좋을 텐데.
머리카락도 안 들어가면 좋겠고. 그치?"
소연이가 하늘이의 말에 고개를 끄떡였어요.
"우리 선생님께 한번 이야기해 볼까?"
"좋아!"
소연이와 하늘이는 환하게 웃었어요.

점심시간에는 이렇게 안전하게

사람마다 몸에 안 맞는 음식이 있기도 해요. 내 몸에 안 맞는 음식이 무엇인지 알고 있으면 급식 시간이나 음식을 먹을 때 조심할 수 있어요.

점심을 먹기 전에는 꼭 손을 닦고, 다 먹고 나면 양치질 하는 걸 잊지 마세요.

어른들도 지켜 주세요!

★ 음식을 골고루 먹는 것만큼, 알레르기를 일으키는 음식에 대해서도 중요하게 생각해 주세요. 어떤 재료가 들어간 음식인지 미리 알려 주고 억지로 먹도록 강요하지 말아 주세요.

★ 깨끗한 환경에서 급식이 만들어질 수 있도록 관심을 가지고 살펴 주세요.

"우린 이제 너하고 안 놀 거야. 그치?"

"맞아맞아!"

유미는 놀란 눈으로 아이들을 바라봤어요.

"난 이제 누구랑 놀지."

유미는 금세 울 것 같았어요.

어제 친구 혜미와 말다툼을 했는데, 그 일로 혜미와 혜미 친구들이 유미를 따돌리기 시작한 거예요.

그 모습을 본 하늘이가 유미의 손을 잡았어요.

"선생님께 이야기하자. 선생님이 도와주실 거야.

그리고 나도 마찬가지고. 그러니까 힘내."

"고마워, 하늘아."

유미가 눈물을 닦으며 작게 미소를 지었어요.

친구 문제는 이렇게

따돌림을 당하면 아무도 날 도와주지 못할 거라는 생각이 들어요. 하지만 여러분을 도와줄 사람이 반드시 있다는 걸 잊지 마세요. 친구, 선생님, 부모님, 모두 여러분을 도울 거예요. 그러니 용기를 잃지 말고 도움을 청하세요.

저기……

따돌림을 당하는 친구를 본다면 내가 도울 일이 없는지 찾아보세요. 혹시 도와줄 용기가 없다면 선생님에게 친구의 어려움을 꼭 알려 주세요.

선생님!

따돌림을 당할 만한 잘못을 한 사람은 없어요. 친구와 문제가 생기면 따돌리는 게 아니라 이야기로 잘 풀 수 있도록 노력해요.

어른들도 지켜 주세요!

★ 학교에서나 교실에서 혼자 놀고 있는 어린이가 있는지 잘 살펴봐 주세요. 작은 따돌림에도 관심을 기울이고 문제를 해결하게 도와 주세요.

★ 어려운 일이 생기면 도움을 요청하라고 평소에 계속해서 알려 주면 따돌림 문제로 슬퍼하는 어린이에게 큰 힘이 될 거예요.

"너 정말 혼나 볼래!"
"누가 할 소리. 혼나 볼래!"
정호와 우택이가 서로에게 달려들었어요.

하늘이와 친구들이 정호와 우택이를 갈라 놓았어요.
그러나 둘이 몸부림을 쳐서 붙잡고 있는 친구들도 힘들었어요.
'어떡하지?'
하늘이는 곰곰이 생각하다 엄마가 한 말이 떠올랐어요.

"정호야, 우택아, 숨을 크게 들이마셨다 천천히 내쉬어 봐!"
"응? 그게 무슨 말이야?"
정호와 우택이는 고개를 갸웃거렸지만
하늘이 말대로 숨을 들이마셨다가 천천히 내쉬었어요.
그러자 신기하게 처음보다 화가 가라앉았어요.
"이제 차근차근 서로에게 하고 싶은 말을 생각해 봐."
정호와 우택이는 곰곰이 생각에 잠겼어요.
끝날 것 같지 않던 싸움이 어느새 해결되고 있었어요.

친구와 싸웠을 때는 이렇게

친구와 다투다가 화가 났다고 주먹을 휘두르면 서로 크게 다칠 수 있어요. 화가 나면 크게 숨을 들이마시고 내쉬기를 반복하면 마음이 가라앉아요.

친구가 싸우고 있으면 주변 친구들이 모두 힘을 모아 둘을 멀리 떨어뜨려 놓아야 해요. 가까이 있을수록 더 화가 나고 서로 다치게 할 수 있으니까요. 만약 그럴 수 없다면 가까운 곳에 있는 선생님께 알리고 도움을 청하세요.

"선생님!"

도와주세요!

친구끼리 다툰 뒤 화해할 방법을 모르겠고 더 싸울 것 같다면 선생님에게 도와달라고 말해 보세요. 선생님께 싸운 일을 설명하다 보면 마음이 풀릴 수 있고 선생님도 좋은 해결 방법을 알려 주실 거예요.

미안하다고 말하고 싶은데….

어른들도 지켜 주세요!

무슨 일이니?

★ 싸우지 않는 것도 중요하지만 더 중요한 것은 화해하는 방법을 배우는 거예요.
빨리 화해시키려다 보면 억지로 사과만 하고 정작 마음이 풀리지 않을 수 있어요.
화가 난 마음을 진정하게 하고 서로의 마음을 이해할 수 있도록 충분한 시간을 갖게 해 주세요.

"어? 위에서 뭔가 가루가 떨어져!"
화장실에 간 정호가 천장을 보며 말했어요.
"저기 벽에 금도 가 있어!"
"어? 정말 그러네."
하늘이 말에 다른 친구들도 맞장구를 쳤어요.
"학교가 무너지진 않겠지?"
"설마."
친구들은 한마디씩 하고 교실로 돌아갔어요.

하지만 하늘이는 가만있을 수 없었어요.
"빨리 선생님께 알려야겠다."
"왜 서둘러? 차근차근 해야 하는 거 아니야?"
정호의 물음에 하늘이는 고개를 저었어요.
"안전을 위해 빨리 해야 하는 일도 있어.
더 위험해지기 전에 빨리 선생님께 알리자."
하늘이 말에 정호도 고개를 끄덕였어요.

건물 안에서는 이렇게 안전하게

벽이나 천장에 금이 가거나 구멍이 난 곳이 있다면 빨리 고칠 수 있도록 선생님께 이야기해요.

우오오오오오오 천장에서 계속 뭐가 떨어진다!

학교에서 위험한 곳이나 부서진 곳을 발견하면 호기심이 생기더라도 안전을 위해 가까이 가지 않아요.

★ 어린이가 학교에서 안심하고 생활할 수 있도록 학교 곳곳을 구석구석 살펴 주세요.

★ 어린이가 알려 준 위험한 곳이나 부서진 곳은 빨리 수리해 주세요.

★ 학교에서는 어린이의 안전을 가장 최우선으로 생각해 주세요.

책상이나 의자도 오래되면 삐걱거리고 부서질 수 있어요. 그냥 지나치지 말고 안전하게 고칠 수 있도록 선생님께 이야기해 주세요.